大展好書　好書大展
品嘗好書　冠群可期

大展好書　好書大展
品嘗好書　冠群可期

武術健身叢書

9

王安平　創編

國家體育總局武術運動管理中心　審定

五形動法

大展出版社有限公司

「武術健身方法」評審領導小組

組　長：王玉龍

副組長：楊戰旗　李小傑　郝懷木

成　員：樊　義　杜良智　陳惠良

「武術健身方法」評審委員會

主　任：康戈武

副主任：江百龍

委　員：虞定海　楊柏龍　郝懷木

「武術健身方法」創編者

《雙人太極球》　于　海

《九式太極操》　張旭光

《天罡拳十二式》　馬志富

《形意強身功》　林建華

《太極藤球功》　劉德榮

《五形動法》　王安平

《流星健身球》　謝志奎

《龜鶴拳養生操》　張鴻俊

序　言

為「全民健身與奧運同行」主題活動增光添彩

國家體育總局武術運動管理中心主任　王筱麟

當前，恰逢國家體育總局宣導在全國開展「全民健身與奧運同行」主題系列活動，喜迎 2008 年北京奧運會之機，《武術健身方法叢書》的面世具有特殊意義，可慶可賀。

這套叢書推出的龜鶴拳養生操、天罡拳十二式、太極藤球功、流星健身球、五形動法、九式太極操、雙人太極球、形意強身功八個武術健身方法，是國家體育總局武術運動管理中心依據國家體育總局體武字〔2002〕256 號《關於在全國徵集武術健身方法的通知》精神，成立了評審工作領導小組，同時聘請有關專家組成評審委員會，對廣泛徵集起來的申報材

料，按照所選方法必須具備科學性、健身性、群眾性及觀賞性的原則，認認眞眞地評選出來的。

這中間嚴格按照「堅持優選、寧缺勿濫」的要求，經歷了粗篩、初評、面向社會展示、徵求意見、修改、完善、終審等多個階段的審核。

現奉獻給社會的這八個武術健身方法，既飽含著原創編者們的辛勞，也凝結有相關專家、學者及許多觀眾的智慧。可以說，是有關領導和眾多名人志士的心血澆灌培育起來的八朵鮮花。

2004 年 10 月，這八個方法首次在鄭州第 1 屆國際傳統武術節上亮相，初展其姿就贏得了與會 62 個國家和地區代表們的一致喝彩，紛紛稱讚說觀賞其表演是一種藝術享受。一些代表還建議將這些健身方法推廣到全國乃至世界各地。2005 年 8 月 8 日，這八個方法還被國家體育總局授予「全國優秀全民健身項目一等獎」。

國際奧會批准武術這個項目在 2008 年北京奧運會期間舉行比賽，這是武術進軍奧運歷程中的一座極其重要的里程碑，是值得全世界武林同仁熱烈慶賀的盛事。

　　最近，國家體育總局劉鵬局長在全國群眾體育工作會議上的講話指出：「廣泛組織開展『全民健身與奧運同行』主題活動，可以最大限度地激發人民群眾參加健身的熱情，並使這種熱情與迎接奧運的激情緊密結合，形成在籌備奧運過程中體育健兒緊張備戰、人民群眾積極熱身的良性互動局面。」對武術工作而言，我們在這一大好形勢下，一方面要紮紮實實做好國家武術代表隊的集訓工作，積極備戰，爭取「北京2008武術比賽」的優異成績，爲國爭光；另一方面要採取各種形式把全國億萬民眾吸引到武術健身的熱潮中，向世人展示作爲武術發源地的中國確實是武術泱泱大國的光輝形象。兩者相輔相成，相得益彰，共同爲武術走向世界、造福人類作貢獻。

　　我們隆重推出這八個武術健身方法，對於後者是可以大有裨益的。我們將配合出版發行相關書籍、音像製品等，舉辦教練員、裁判員、運動員培訓班，組織全國性乃至國際性的武術健身方法比賽等活動，努力爲「全民健身與奧運同行」主題系列活動增光添彩。

創編者簡介

王安平 1938年出生於安徽省蕭縣。自幼酷愛武術，曾學練過少林拳、八卦掌、形意拳、太極拳和多種器械。1958年師從著名武術家王斌魁先生學習意拳。在多年學習和研究鬼谷子修真養生學的基礎上，結合自身的拳學實踐，創編了「中華渾圓功」，包括靜功和「五形動法」。20世紀80年代初起，中央電視臺以及河南、安徽、海南、江西等地方電視臺，《武魂》《武林》《中華武術》《體育報》《知識窗》等數十家媒體先後報導、介紹過「五形動法」和靜功，引起了國內外健身和武術愛好者的關注。

20世紀70年代開始，在《體育報》《武林》等報刊上發表論文數十篇，先後出版了《意拳氣功》《修真心語》《中華渾圓功》《渾圓武學》等專著。

1980年起開始專事武術教學活動。1994年初，在江西省南昌市灣裏國家森林公園所轄的梅嶺山麓創辦了江西南昌渾圓武術院。先後擔任河南省武術協會委員、江西省武術協會常委、江西南昌渾圓武術院院長。

目　錄

一、五形動法的創編依據

五形動法又稱五形拳，是創編者根據我國戰國時期偉大的縱橫家、修真養生學宗師、被人們譽稱為「東方智聖」的鬼谷子先生的仿生學而創編的。

仿生學是人類模仿生物特殊本領的一門科學。仿生學的主要任務是觀察、研究和模擬各種各樣的優異本領，從而為人類自身的生活需要服務，如人類觀察魚在水中游動發明了船，模仿鳥兒在空中飛翔發明了飛機等等。

早在2400年以前，鬼谷子先生就運用捭闔縱橫學、仿生學等學術思想教學、授徒、著書立說，培養、造就了蘇秦、張儀、孫臏、龐涓、范蠡、毛濛等政治家、軍事家、商業家和修真養生學專家，開闢了仿生學的先河。

鬼谷子先生為中國人民和世界人民留下的這份極其豐富、極其珍貴的精神文化財富，就是五形動

法的創編依據。

五形動法把鬼谷子先生的仿生學代表作《本經陰符七篇》裏的「實意法騰蛇」「分威法伏熊」「散勢法鷙鳥」「轉圓法猛獸」「損兌法靈蓍」五篇文章的學術思想、具體內容與武術動作緊密結合在一起，以形取意，以意象形，形神兼備，熔於一爐。

五形動法包括鶴形、虎形、熊形、猴形、蛇形五形，其中，鶴形係受「散勢法鷙鳥」的啟發而創編，虎形係受「轉圓法猛獸」的啟發而創編，熊形係受「分威法伏熊」的啟發而創編，猴形係受「損兌法靈蓍」的啟發而創編，蛇形係受「實意法騰蛇」的啟發而創編。

二、五形動法的主要特點

　　五形動法的動作編排和運動強度符合生理，順應心理，屬於有氧運動，安全可靠，不出偏差。其特點主要體現在以下三個方面。

（一）簡單易學，安全有效

　　整套功法中沒有複雜的意念，也沒有高難度、超負荷的動作，前進後退、角度轉變隨心所欲。鍛鍊時間可多可少。易學易練，不出偏差，適合各年齡層次和體弱多病者習練。

（二）動作舒展，協調柔和

　　五形動法是一種整體鍛鍊，動作緩慢，自然舒展，形隨意動，形神兼備的鍛鍊方法。其動作外形

雖要求以身動為主，但必須以頭動為主宰，以腰帶動身體，再以身體帶動手、臂、腿、腳，從而達到全身齊動、周身協調一家的目的。

（三）內外俱修，氣寓其中

整套功法可以內調臟腑、骨骼，外練肌肉、筋膜，達到內壯臟腑骨骼、外健肌肉筋膜的目的。長期的內養外練能促進中醫所說的「真氣」在體內運行，使人「精、氣、神」俱旺。

三、五形動法的鍛鍊功效

五形動法除了具有活絡筋骨、暢通氣血、自我保健等共性作用外，還有其特殊的功效，具體如下。

（一）鶴　形

長期鍛鍊以後，行走時步履穩健輕快；由於鍛鍊者意識在腳、腿上，還有降低高血壓的作用；對於武術愛好者，在搏擊自衛時，可增加腳、腿部蹬、踢的力量。

（二）虎　形

對治療肩周炎有很好的療效；在搏擊自衛時，可提高臂、手部拍擊的力量。

（三）熊　形

由於身體是兩邊搖晃著前進、後退，對於治療脊椎、胸椎和腸胃疾病有很好的療效。同時，熊形又是武術運動中五種操拳的基本功，可以變換成直拳（又稱炮拳）、圈拳（又稱擺拳）、鑽拳、栽拳和崩拳，故熊形拳上可擊臉部，中可擊胸部，下可擊腹部。

（四）猴　形

能鍛鍊人身體的靈活性。在鍛鍊時多轉動眼球，具有治療多種眼疾和頸椎疾病的效果；在武術博擊運動中，「猴爪」對臉部的抓打有殺傷、威懾作用。

（五）蛇　形

由於手臂和腰身是向相反方向運動，對全身關節性疾病有很好的療效。在武術對抗性單推手、雙

推手運動中，能達到理想的效果；在散手搏擊對抗中，能運用「橫力」（一般都是直立運動）起到意想不到的作用。

　　練習五形動法，運作越簡單越好，越不動腦筋越好，越不用力氣越好，速度越慢越好，越自然越好。如能掌握以上「五好」，就能減少腦力、體力的消耗，發揮人體先天本能的作用，達到理想的健身、防身效果。

四、五形動法的習練要領

（一）呼吸自然

整套功法要求呼吸自然，不鼓勵人為呼吸法，動作與呼吸自始至終保持協調。

（二）緩慢鬆柔

緩慢，是指練習時身體重心平穩，動作要勻，速度要慢，體態安詳，輕靈徐緩；鬆柔，是指練習時身體肌肉與中樞神經及五臟六腑放鬆。形雖顯於外，但卻為內在的神意所繫。形與神是相互聯繫又相互促進的關係，養生之道便在於「形神合一」。故而在練習時，心情應輕鬆愉快，動作鬆柔自然，切忌用力，如同做遊戲時的無憂無慮，無拘無束，

逍遙自得，以此來疏調經絡、暢通氣血、涵養心性。

（三）動中求靜

練習五形動法時，速度不宜快，自然放鬆，越慢越好，似動非動，似靜非靜，在運動中體會全身內部的動態和身體外部的反應，而思想卻平靜集中。

（四）循序漸進

在初學五形動法時，習練者先要克服肌肉關節酸痛、動作僵硬、手腳不協調等種種不適。經過一段時間的習練後，做到姿勢正確，動作舒展，手腳協調，靈活自如。

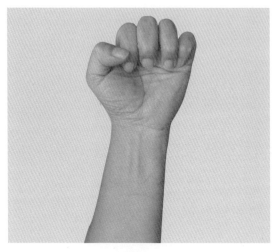

圖 1

五、五形動法的基本手型和步型

（一）基本手型

1. 拳

拇指輕抵食指，其餘四指合攏，虛握於掌心。
（圖1）

圖 2

2. 掌

掌一：五指撐開，掌心要圓。（圖2）

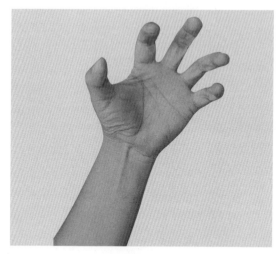

圖 3

掌二：五指撐開，撐而不直，掌心要圓，虎口要圓，手指內扣，此即為「虎爪」。（圖3）

猴鉤：五指指腹捏攏，屈腕。（圖4）

蛇頭：五指虛握，拇指輕壓在食指上，食指突出，虎口朝上，如握手槍狀。（圖5）

圖 4

圖 5

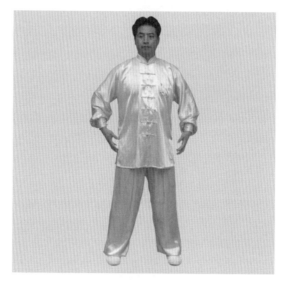

圖 6

（二）基本步型

預備勢步型：兩腳與肩同寬，平行站立。（圖
6）

丁八步：自然站立，全身重量前腳三分，後腳
七分，兩腳相距不超過一腳長。（圖7）

猴形步：如丁八步，前腳腳尖點地，腳後跟提
起。（圖8）

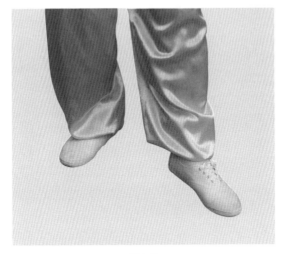

圖 7

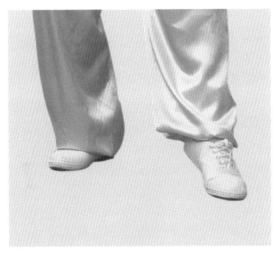

圖 8

六、五形動法動作圖解

（一）動作名稱

第一形　鶴　形

第二形　虎　形

第三形　熊　形

第四形　猴　形

第五形　蛇　形

圖 9

（二）動作圖解

第一形　鶴　形

　　預備勢：兩腳與肩同寬，自然平行站立，兩手臂垂於身體兩側，小腹放鬆，目視前方。（圖9）

圖 10

【動作】

　　重心移至左腿，右腳緩慢抬起，向左腳靠攏而
不落地。（圖10）

圖 11

　　然後，右腳向前方徐徐邁出一腳長的距離。
（圖11）

圖 12

　　不停，右腳向右側落下，同時重心前移至右腿。
（圖12）

圖 13

　　在右腳落下、重心前移的同時，左腳提起向右
腳徐徐靠攏而不落地。（圖13）

圖 14

　　然後，左腳向前方徐徐邁出一腳長的距離。
（圖14）

圖 15

不停，左腳向左側落下，同時重心前移至左
腿。（圖15）

圖 16

　　在左腳落下、重心前移的同時，右腳提起向左腳徐徐靠攏而不落地。（圖16）

圖 17

不停，右腳向後退步。（圖17）

圖 18

然後，右腳落下，重心後移至右腿。（圖18）

圖 19

　　不停，左腳提起，向後退至與右腳併攏。（圖
19）

圖 20

　　不停，左腳繼續後退，退至與右腳相距約一腳
長（約20公分）時，徐徐落下。（圖20）

圖 21

然後，重心移至左腿。（圖21）

圖 22

　　不停，兩手臂向身體兩側輕輕抬起，高不過
頭，掌心向下。（圖22）

圖 23

然後，重心前移至右腿。（圖23）

圖 24

　　不停，左腳提起，向前進至與右腳併攏。（圖
24）

圖 25

不停，左腳向前移伸，成丁八步時落下。（圖
25）

圖 26

　　不停，重心前移至左腿，同時，兩手臂緩慢落
至與腰際相平。（圖26）

圖 27

不停，重心後移至右腿，兩手臂又輕輕抬起，
伸平如鶴展翅狀。（圖27）

圖 28

　　不停，重心前移至左腿，右腳抬起，向前移伸
出，然後落下。（圖28）

圖 29

　　不停，左腳向右腳徐徐靠攏，兩手臂左右展平。（圖29）

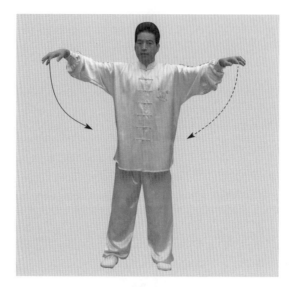

圖 30

收勢：右腳向右橫向伸出，兩手下落至兩腰旁。（圖30、圖31）

【要領】

1. 全身自然放鬆，尤其是小腹要放鬆。

2. 兩眼始終注視前方，不低頭，呼吸自然，腳抬起時要提胯。

3. 兩腳平起平落，不要腳尖或腳後跟落地。

圖 31

4. 兩腳運行路線如火車鐵軌，兩條線，不要起落在一條線上，要左右分行。

5. 行步要做到緩、慢、鬆、柔，每分鐘在5～6步為佳。

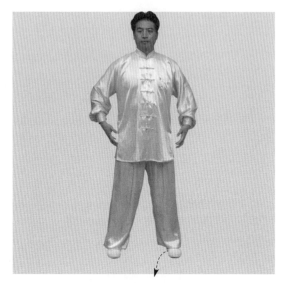

圖 32

第二形　虎　形

　　預備勢：兩腳與肩同寬，自然平行站立，兩手
臂垂於身體左右兩側，小腹放鬆，目視前方。（圖
32）

圖 33

【動作】

身體稍右轉，同時左腳向左前方邁出，成丁八步。（圖33）

圖 34

　　接著，兩手從身體兩側慢慢抬起至兩鬢角外側，稍停，兩掌心向前。（圖34）

圖 35

　　然後，身體向前、向下微彎，同時兩掌向前、
向下拍出，拍出的位置不要低於小腹。（圖35）

圖 36

　　不停，腰挺起，同時兩掌上抬至兩鬢角外側，
稍停。（圖36）

圖 37

　　接著，整個身體向前蠕動，兩腳隨之前往，兩
掌也同時向前、向下拍出。（圖37）

圖 38

　　兩掌隨即又抬起至兩鬢角外側，在兩掌抬起的
同時，前腳後跟抬起。（圖38）

圖 39

　　緊接著，身體重心前移，右胯提起，右腳向左
腳併攏，同時兩掌向前、向下拍出。（圖39）

圖 40

　　不停，右腳向前伸出後不停又向後回收，靠攏
右腳。（圖40）

圖 41

不停，右腳繼續向後伸出，落地，與左腳成丁
八步。（圖41）

圖 42

　　不停，重心後移至右腿，左腳回收靠攏右腳；
同時，兩手向前拍出。（圖42、圖43）

　　不停，左腳向後伸出，落地，成丁八步。（圖
44）

圖 43

圖 44

圖 45

收勢：右腳抬起向右側伸出，落地，與左腳平行，與肩同寬；同時，兩手下落至兩腰旁。（圖45）

【要領】

1. 兩手拍出時不要用力，五指自然張開。

2. 兩手向前拍出和身體向前屈俯動作要一致、協調。

3. 兩臂、兩手向前拍出時，胳膊不宜伸直，微屈。

4. 向前邁步時要提胯鬆腰。

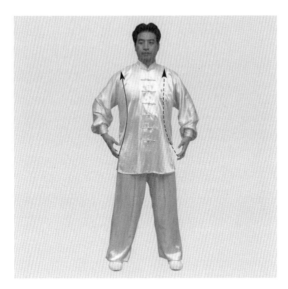

圖 46

第三形　熊　形

　　預備勢：兩腳與肩同寬，自然平行站立，兩手
臂垂於身體兩側，小腹放鬆，目視前方。（圖46）

圖 47

【動作】

兩手半握拳，拳眼相對，向前、向上緩緩平舉，高與肩平，兩拳相距寬不超過肩，窄不小於一個拳頭。（圖47）

圖 48

　　不停，身體向左轉動，右拳向前平伸，拳面略向前下方，同時左手屈臂收拳停放在胸前20～30公分處。（圖48）

圖 49

當右拳前伸似直非直時，身體向右轉動，左拳
隨身體右轉前伸，右拳隨身體右轉而屈收至胸前
20～30公分處。（圖49）

圖 50

　　然後，右腳、右拳向前蠕動約20公分（身體高低不同），同時左拳屈收至原處。（圖50）

圖 51

　　當右腳落地平穩後，重心前移至右腳，左腿、左腳向前蠕動約40公分；同時，左拳前伸，右拳屈收。（圖51）

圖 52

　　不停，右腳向前跟進半步和左腳靠進的同時，
右拳高抬起，向上、向前伸出炮拳（又稱直拳）。
（圖52）

圖 53

接著，右拳收回，左拳拳面向上，向前上方伸
出。（圖53）

圖 54

　　不停，右拳由直拳向前變成拳面向上的鑽拳。
（圖54）

圖 55

不停，右鑽拳收回，左拳變為拳面向上的鑽
拳。（圖55）

圖 56

不停，左鑽拳收回，右拳變為圈拳，向左前方
伸出。（圖56）

圖 57

　　不停，右圈拳收回，左拳變為圈拳，向右前方
伸出。（圖57）

圖 58

　　不停，左圈拳收回，右圈拳改為右栽拳，拳面
朝下。（圖58）

圖 59

　　不停，右栽拳收回，左圈拳變為左栽拳，拳面朝下。（圖59）

圖 60

　　不停，左拳回收於左胸前，右腳向前跨出，右
拳向前伸出，重心移至左腿上。（圖60）

圖 61

　　不停，重心移至右腿，右拳回收至右胸前，左
拳、左腿同時向前伸出。（圖61）

圖 62

　　不停，兩腿不動，左拳收回至左胸前，右拳向
前伸出。（圖62）

圖 63

然後，右拳收回，左拳右腳同時向前伸出。
（圖63）

然後，重心移至右腿，向前伸右拳左腿（見圖
62）。可以反覆做，也可以後退。後退時，重心後
移，左腳慢慢抬起後伸，落至與右腳相距一腳長時
輕輕落下，同時右拳收回，重心移至左腿。（見圖
63）

收勢：右腳向右側伸出，與肩同寬，兩手同時
回收至兩腰旁。（圖64）

圖 64

【要領】

1. 兩腳平起平落，即兩腳前腳掌、腳後跟同時著地。

2. 身體蠕動時，是左右轉動著前進的。

3. 兩拳是隨著身體轉動而屈伸的，拳和身體協調一致。

4. 伸拳不要用力。

圖 65

第四形 猴 形

預備勢：兩腳與肩同寬，自然平行站立，兩手臂垂於身體兩側，小腹放鬆，目視前方。（圖65）

圖 66

【動作】

　　兩手五指尖撮攏，向前平舉，兩手平行，高不
過肩，兩眼平視前方。（圖66）

圖 67

接著，重心移至左腿，左腿微屈膝下蹲，身體
向右轉動，右腳腳尖點地、腳後跟提起；右手隨之
落至右膝上方，左手上提至左耳外側；目視右前
方。（圖67）

圖 68

　　不停，重心由左腿緩緩移至右腿，右腿微屈膝
下蹲，身體隨重心的轉移而向左轉動，左腳腳尖點
地、腳後跟提起；同時，右手徐徐提起至右耳外
側，左手下落至左膝上方；目視左前方。（圖68）

圖 69

　　不停，左腳向前方邁出15～20公分落下，重心由右腿緩慢移至左腿，同時右腳向左腳靠攏，腳尖點地、腳後跟提起，接著右腳向右前方邁出約一腳長距離（約20公分），腳尖點地、腳後跟提起；同時，左手提起至左耳外側，右手落在右膝上方；目視右方。（圖69—圖71）

圖 70

圖 71

圖 72

　接著，右腳向前方落下，重心由左腿緩慢移至右腿，同時左腳跟進靠攏右腳，腳尖點地、腳後跟提起，左右兩手一下一上。（圖72、圖73）

　不停，左腳向左前方邁出，腳尖點地、腳後跟提起。（圖74）

圖 73

圖 74

圖 75

後退時，重心提起，左腿伸直，左腳放平，然後向後伸出約一腳長的距離，落下，同時重心由右腿移至左腿；右手放在左膝上方，左手放在右耳外側。（圖75、圖76）

不停，重心提起，右腳收回至左腳內側旁；同時，兩手自然放在胸前。（圖77）

圖 76

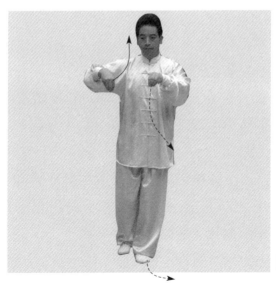

圖 77

圖 78

　　不停，重心由左腿移至右腿，左腳向左前方伸
出約一腳長的距離，腳尖點地，腳後跟提起；同
時，左手落下，放在左膝上方，右手提起放在右耳
外側。（圖78）

　　不停，左腳抬起向右腳靠攏，然後伸向身體後
方，落下，同時重心由右腿移至左腿右腳腳尖點
地，腳後跟抬起；右手下落至右膝上方，左手上抬
至左耳外側。（圖79、圖80）

圖 79

圖 80

圖 81

收勢：重心移至兩腿中間，兩手下落至兩腰旁，目視前方。（圖81）

【要領】

1. 身體的下蹲（坐）可根據鍛鍊者的年齡大小、體質強弱高一點或低一點，自行掌握。

2. 動作要做到以輕柔為主，猶如猿猴般靈活，大方舒展。

3. 身體上起如同從地裏拔起一般，起落差距要大些。

圖 82

第五形　蛇　形

　　預備勢：兩腳與肩同寬，自然平行站立，兩手臂垂於身體兩側，小腹放鬆，目視前方。（圖82）

圖 83

【動作】

　　兩手半握拳，抬至胸前，右拳在前，左拳在後，放在右手腕內側，兩拳拳眼均向上，高不過肩，低不過肚臍。（圖83）

圖 84

　　不停，右拳拇指正對胸前中心線，兩拳不動，身
體向右側轉動45°，頭不動，眼向前平視。（圖84）

圖 85

　　接著，右腳向前伸落成丁八步，右拳前伸至右
腿上方，不超過腳尖。（圖85）

圖 86

　　緊接著，右腳向前蠕動，同時右拳向右方擺
動。（圖86）

圖 87

　　然後，左腳向前緊跟半步，與右腳併攏，同時右拳向左方回擺。（圖87）

圖 88

　　接著，左腳向左前方邁出，同時，左手由後拳
前伸變為前拳，右拳由前拳變為後拳，放在左手腕
內側。（圖88）

圖 89

　　不停，重心前移，同時右腳緊跟半步，左拳同時向右方擺動。（圖89）

圖 90

左拳右擺的同時，左腳前伸成丁八步。（圖
90）

圖 91

　　後退時，左腳抬起，向後伸至相距右腳一腳長的距離時，輕輕落下，重心移至左腿；同時，左手後伸下落，右手前伸。（圖91）

圖 92

　　不停，重心提起，右腳向後伸至距左腿一腳長時，輕輕落下，同時身體重心後移至右腿；兩手交換長短相隨。（圖92）

圖 93

變雙頭蛇：

　　不停，重心前移至左腿，右腳向前伸出至距左
腳一腳長的距離時，輕輕落下，重心移至左腿；雙
手長短相齊並頭。（圖93）

圖 94

　　不停，重心移至右腿，上體左右移動，同時左
右手隨之擺動，左腳前伸與右腳併攏。（圖94）

圖 95

　　不停，左腳繼續前伸，重心前移，與右腳成丁
八步。（圖95）

圖 96

　　後退時，重心後移至右腿，同時左腳提起，向
後回收至與右腳併攏。（圖96）

圖 97

　　不停，左腳向後伸，腳尖落至右腳腳跟後，然後全腳掌落下。（圖97）

　　收勢：右腳向後、向右伸移與左腳平行，與肩同寬，重心移至兩腿中間；同時，兩手自然落至兩腰旁。（圖98）

圖 98

【要領】

1. 半握拳左右擺動時，是和身體轉動呈反方向的，如左拳左擺，身體右轉，左拳右擺，身體左轉，右拳也是如此。

2. 向前運動時，前腳腳尖先落地。

3. 頭、臉、眼始終朝前方，身體轉動時，頭不轉。

國家圖書館出版品預行編目資料

五形動法／王安平　創編　國家體育總局武術運動管理中心　審定
——初版，——臺北市，大展，2014〔民103.09〕
面；21公分 ——（武術健身叢書；9）
ISBN　978－986－346－037－4（平裝）

1.武術　2.中國
528.97　　　　　　　　　　　　　　　　　　103013295

五 形 動 法

創 編 者／王 安 平
審　　定／國家體育總局武術運動管理中心
責任編輯／謝 建 平
發 行 人／蔡 森 明
出 版 者／大展出版社有限公司
社　　址／台北市北投區（石牌）致遠一路2段12巷1號
電　　話／（02）28236031・28236033・28233123
傳　　眞／（02）28272069
郵政劃撥／01669551
網　　址／www.dah-jaan.com.tw
E - mail ／ service@dah-jaan.com.tw
登 記 證／局版臺業字第2171號
承 印 者／傳興印刷有限公司
裝　　訂／承安裝訂有限公司
排 版 者／弘益電腦排版有限公司
授 權 者／北京人民體育出版社
初版1刷／2014年（民103年）9月

定　價／200元

大展好書　好書大展
品嘗好書　冠群可期